Der Hunsrück

Bilder aus der Nachkriegszeit

Der „Beldemer Josep“, Josef Lippert, ein Kleinwarenhändler und Hunsrücker Original aus Beltheim. Er verkaufte seine Waren zu Pfennigbeträgen, wobei er die exakte Bezahlung verlangte – er ließ sich keinen Pfennig schenken. Das Wechselgeld bewahrte er – in Blechdöschen sortiert – in den Jackentaschen auf. Von diesen trug er je nach Wetter („Hout es et wirra ane Jacke källa woar!“) stets mehrere aufgeknöpft übereinander, sodass seine behaarte Brust zu sehen war. Charakteristisch war auch sein bis zur Brust reichender, rötlicher, langer Bart und seine gelegentlich am falschen Fuß getragenen Schuhe. Seine Besuche verband Josef Lippert stets mit einem Schwätzchen, bei dem Neuigkeiten und Tratsch ausgetauscht wurden. Auch ließ er sich gerne zum Essen einladen, wobei es ihm nicht gefiel, wenn Frauen keine Zeit für ihn hatten. Dann murmelte er: „Warakdich, warakdich, dou bist nit ganz praktisch.“ Josef Lippert starb im Februar 1963.

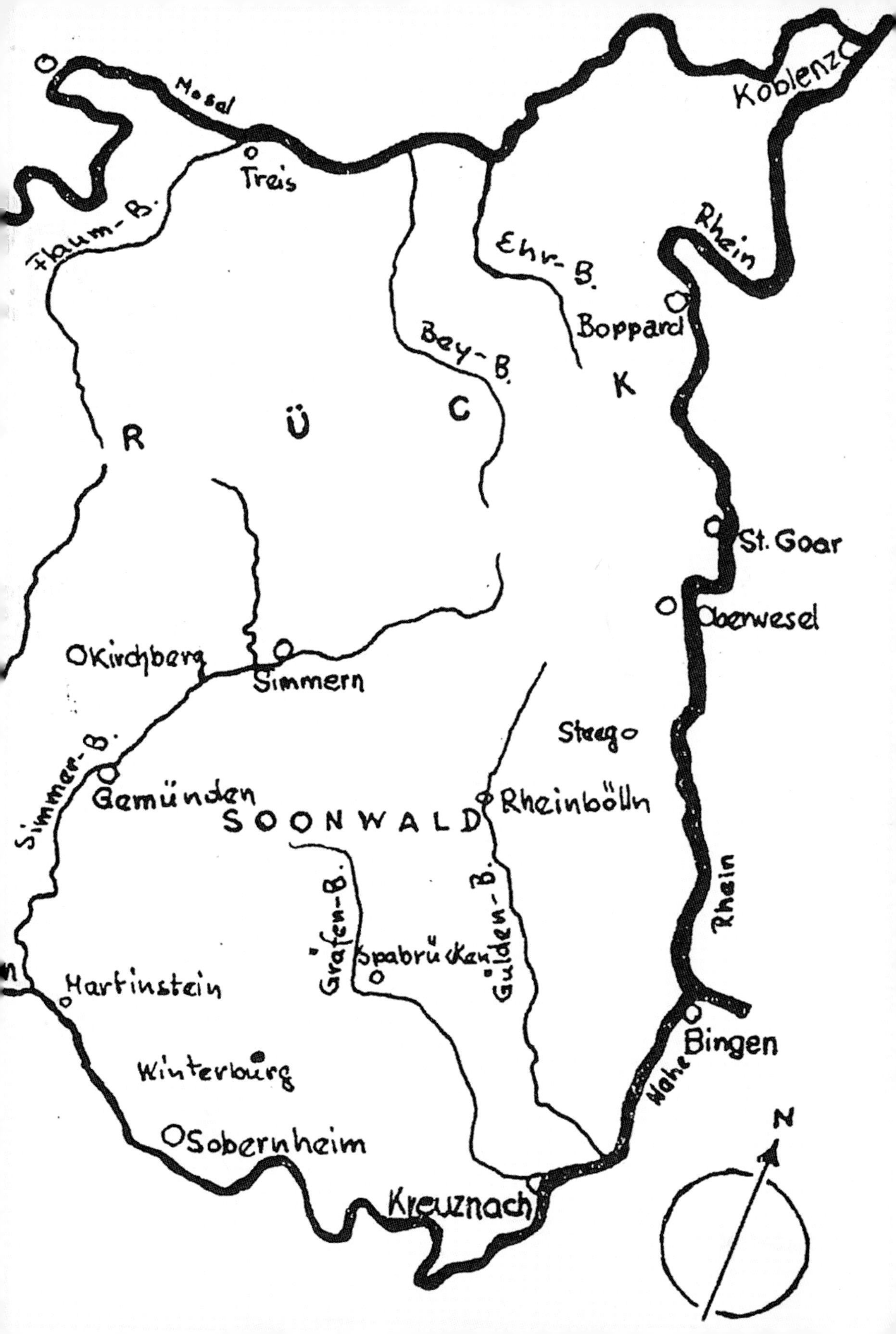

Mosel
Koblenz
Treis
Flaum-B.
Rhein
Ehr-B.
Boppard
Bey-B.
K
C
R
Ü
St. Goar
Oberwesel
Kirchberg
Simmern
Steeg
Simmer-B.
Gemünden
Rheinbölln
SOONWALD
Grafen-B.
Gulden-B.
Rhein
Spabrücken
Hartinstein
Bingen
Winterburg
Nahe
N
Sobernheim
Kreuznach

Über den Autor

Achim R. Baumgarten, Jg. 1956, ist ein profunder Kenner der Geschichte des Hunsrücks. Der promovierte Historiker und Archivar ist im Bundesarchiv in Koblenz tätig. Als zweiter Vorsitzender des Hunsrücker Geschichtsvereins ist er in der Vergangenheit u.a. mit zahlreichen Ortschroniken und Biografien hervorgetreten. Er ist Schriftleiter des Jahrbuchs „Rhein-Hunsrück-Kalender" und Verantwortlicher für die Sammelreihe „Hunsrücker Biografie". In der Reihe „Archivbilder" erschienen im Sutton Verlag bereits mehrere von ihm konzipierte Bildbände.

Achim R. Baumgarten

Der Hunsrück

Bilder aus der Nachkriegszeit

SUTTON HEiMAT

Ein typisches Bild der 1950er- und 1960er-Jahre. Ein Badezimmer besaßen nur wenige Leute, gebadet wurde jeden Samstag in der Waschbütte. Hier sieht man ein Beispiel aus Argenthal.

Einband vorn: Der Marktplatz in Kirchberg im Jahr 1964.
Vorsatz: Die Übersichtskarte zeigt, wie Mosel, Nahe, Saar und Rhein rings den Hunsrück eingrenzen.
Nachsatz: Karl-Heinz Minnich, Werner Feickert, Hans Grub, Erich Mengeu, Karl-Heinz Weinz, Dieter Grub, Adolf Feickert und Ewald Klein (von links) aus Bärenbach beim Fotoschießen auf der Kirner Kerb 1960.
Einband hinten: Die Kinder des 1. bis 4. Schuljahres der Schule Laudert, 1969. Hintere Reihe sitzend: Karl-Heinz Kuhn, Werner Müller, Wolfgang Lauderbach, Detlef Silbernagel, Paul Schön, Manfred Schmidt, Edeltraut Philipps, Elke Auler, Birgit Weber, Marita Becker. Dritte Reihe: Hans Otto Berres, Karl-Friedrich König, Johannes Günster, Karl-Heinz Ulbrich, Manuela Klippel, Anita Auler. Zweite Reihe: Robert Schmitt, Hans-Werner Hickmann, Willibald Forster, Günter Schmitt, Birgit Neugebauer, Renate Philipps. Erste Reihe: Beate Hickmann, Andrea Acht, Bernhard Stoffel, Hans Günter Otto, Karin Kunz, Engelbert Acht.

Impressum

Sutton Verlag GmbH
Hochheimer Straße 59
99094 Erfurt
www.suttonverlag.de

ISBN: 978-3-95400-927-5

Druck: Florjančič Tisk d.o.o. / Slowenien
Gestaltung und Herstellung: Sutton Verlag

Inhalt

Danksagung

Für die großzügig gewährte Unterstützung bei der Konzipierung und Zusammenstellung dieses Bildbandes danke ich ganz herzlich dem Kreismedienzentrum (KMZ) des Rhein-Hunsrück-Kreises, den Verbandsgemeinde- und Stadtverwaltungen, hier besonders der VGV Kirn-Land, den Bürgermeistern sowie zahlreichen Privatpersonen. Nennen möchte ich im Einzelnen Thomas Biersch (Emmelshausen), Christian Busch (Mermuth), Dr. Hans Dunger (Kirchberg), Jens Ginzel (VGV Stromberg), Arnold Grings (Laudert), Peter Hammes (Pfalzfeld), Friedrich Höning (Roth b. Stromberg), Ilona Klockner (VGV St. Goar-Oberwesel), Marianna Krautkrämer (VGV Emmelshausen), Elmar Maurer (Hasselbach), Thomas Muders (Urbar), Volker Müller-Späth (Waldlaubersheim), Gaby Neumann (VGV Kirn-Land), Helmut Pabst (Urbar), Anita Reuther (VG Kastellaun), Peter Schneider (Biebernheim), Wolfgang Schneider (Warmsroth), Ewald Schuhmacher (Gondershausen) und Kurt Seus (Emmelshausen). Sie alle haben mit teilweise erheblichem Arbeitsaufwand Bilder mitherausgesucht und unentgeltlich zur Verfügung gestellt. Nur so gelang es, das vorliegende Kaleidoskop des Hunsrücks zu präsentieren. Bei allen, die ich zu erwähnen vergaß, darf ich mich herzlich entschuldigen; dies ist nicht absichtlich geschehen.

Bildnachweis

Hedwig Auler: S. 72 unten; Rudi Grings: S. 72 oben; Heike Hilgert: S. 102 oben; KMZ: Titelfoto (KMZ, 682597608B), S. 10 unten (KMZ, 602484047B), S. 11 (KMZ, 852361848B), S. 12 oben (KMZ, 906552645B), S. 20 oben (KMZ, 884871315B), S. 21 (KMZ, 486588492B), S. 22 unten (KMZ, 631184070B), S. 26 oben (KMZ, 776483931B), S. 34 oben (KMZ, 688565394B), S. 36 (KMZ, 870012394B), S. 37 (KMZ, 926842957B), S. 42 oben (KMZ, 864277994B), S. 42 unten (KMZ, 791928735B), S. 44 unten (KMZ, 028408994B), S. 46 oben (KMZ, 749170359B), S. 49 (KMZ, 758631845B), S. 50 oben (KMZ, 062101029B), S. 50 unten (KMZ, 580835100B), S. 53 (KMZ, 580993596B), S. 54 unten (KMZ, 662584199B), S. 56 (KMZ, 055761829B), S. 63 (KMZ, 843583779B), S. 66 oben (KMZ, 499541287B), S. 99 (KMZ, 188365921B), S. 104 unten (KMZ, 236108930B), S. 107 (KMZ, 360849250B); Elke Kruse geb. Bauermann: S. 16, 79, 86; Christa Ruffini: S. 70 unten; Manfred Schmidt: S. 45, 93; Ewald Schuhmacher: S. 17; Lydia Wendling: S. 41; Dieter Wolf: S. 24 unten, 104 oben.

Alle Fotos stammen von den in der Danksagung genannten Stellen. Daneben kamen auch eigene Fotos zum Einsatz.

Einleitung

Aus der Anfangszeit der Fotografie gibt es bereits diverse Bildbände aus der Hunsrückregion, noch nie wurden aber die 1950er- und 1960er-Jahre besonders beleuchtet. Dabei ist der seitdem eingetretene Wandel frappierend. Obwohl die Schauplätze und Orte bekannt und vertraut sind, hat selbst der Einheimische, der sich auf die Bilder dieser Zeit einlässt, zuweilen das Gefühl, eine fremde Welt zu betreten.

Schon die blanken Zahlen verdeutlichen, dass die Dörfer in der Nachkriegszeit noch vollkommen von der Landwirtschaft geprägt waren: Zu Beginn der 1950er-Jahre arbeiteten rund 66 Prozent der Hunsrücker Erwerbsbevölkerung in der Landwirtschaft. Fast 60 Prozent aller Haushalte besaßen Betriebe mit über 0,5 Hektar Fläche, nur wenige Höfe bewirtschafteten mehr als fünf oder gar zehn Hektar. Ein großer Teil der Ackerfläche diente der Viehzucht, nur die nicht selbst verbrauchten Überschüsse an Getreide, Kartoffeln u.Ä. wurden verkauft. Noch 1950 waren 85 Prozent aller vorhandenen Kühe (in der Regel Glanvieh) Arbeitskühe. Es gab lediglich 156 Traktoren oder Schlepper, von denen viele vorwiegend in der Forstwirtschaft eingesetzt wurden. Damit war man weiter auf die Arbeitsleistung der Kühe angewiesen, was wiederum deren Milchleistung verminderte.

Nichtlandwirtschaftliche Arbeit war für das Auskommen der Familien oft notwendig. Arbeit boten vor allem die heimische Forstwirtschaft, die Handwerks- und einige Industriebetriebe (z.B. die Möbelfabriken Felke in Sohren, Hermeskeil und Simmern, Romika-Gummischuhwerk in Gusterath etc.). Das reichte aber nicht aus. Die Zahl der Pendler unter der nichtlandwirtschaftlichen Erwerbsbevölkerung betrug deshalb schon 1950 35 Prozent. Diese litten unter den noch sehr schlechten Verkehrsverbindungen.

Bis 1960 gab es bereits deutlich sicht- und spürbare Verbesserungen. Flurbereinigungen und eine schnelle Motorisierung hatten die Arbeit in der Landwirtschaft erleichtert. Viele der Arbeiten konnten jetzt Frauen übernehmen. Bessere Arbeitsbedingungen für Männer boten vielfältige Straßenbauten, die Flurbereinigungen, militärische Einrichtungen wie der Flugplatz Hahn und zahlreiche Firmen, die ihre Betriebsstätten vergrößerten oder Filialen eröffneten. Die Zahl der Pendler unter den nicht in der Landwirtschaft Tätigen stieg trotzdem auf über 61 Prozent. 1960 wuchs die Zahl der Schlepper auf 6.300 an; nur 10 Prozent der Betriebe hielt noch Zugvieh. So konnte die Viehzucht auf die Produktion von Fleisch und Milch umgestellt werden. Rotbuntes Vieh löste wegen seiner höheren Milchleistung das Glanvieh ab. Die Betriebe vergrößerten und modernisierten sich. Nur noch 45 Prozent der Bevölkerung ernährten sich von der Landwirtschaft. In der Folge hob sich der Lebensstandard im Hunsrück schon im Laufe der 1960er-Jahre auf den Durchschnitt ländlicher Gebiete in der Bundesrepublik.

Auch außerhalb der Arbeitswelt änderte sich in den Nachkriegsjahrzehnten das Leben. Damals gehörten Schulen in jedes Dorf, sie prägten das Dorfleben entscheidend mit. Ganze Generationen definierten sich über die gemeinsame Schulzeit. Der Lehrer war einer der Honoratioren im Dorf, sein Wort galt etwas. Er hielt die Dorfkultur am Leben, spielte die Orgel in der Kirche und leitete oft die Chöre. Ihm oblag die Aufzeichnung der Ortsereignisse in einer vorgeschriebenen Schulchronik. Mit Auflösung der Zwergschulen Ende der 1960er-Jahre ging viel Identität in den Dörfern verloren. Der vorher starke Lokalpatriotismus der Dorfjugend löste sich zu größeren Zusammenhängen auf, die Bindung zur Heimatgemeinde lockerte sich. Hierzu trugen auch Motorisierung und wachsende Mobilität bei. Nach einer kurzen Motorradzeit war das eigene Auto, meist ein VW-Käfer, der ganze Stolz junger Familien. Mit ihm wurde der Radius der Ausflugsfahrten größer gezogen, erste Ferienfahrten konnten unternommen werden, zaghaft auch schon ins nahe Ausland. Die Jugendlichen entwickelten in den 1960er-Jahren ihren eigenen, aufmüpfigen Stil, der sich nicht nur in der Kleidung und in langen Haaren, sondern auch in Mopeds und in eigenwilligem Verhalten ausdrückte.

Nach den Entbehrungen der Kriegsjahre suchten die jungen Erwachsenen Ablenkung in der „Vergnügungs- und Fresswelle". Festlichkeiten aller Art wurden ausgiebig gefeiert. Das Vereinsleben erfuhr eine Blütezeit. Das drückte sich u.a. darin aus, dass jedes Dorf, war es auch noch so klein, seine eigene Fußballmannschaft aufstellte, um sich mit anderen Dörfern messen zu können. Viele dieser Fußballmannschaften wurden aus Mangel an Nachwuchs aufgegeben.

Daneben darf nicht vergessen werden, dass die Arbeitswelt oft fordernder war als heute. Die Arbeitswoche schloss den Samstag ein, die Arbeitszeiten waren erheblich länger als heute. Zahlreiche Tätigkeiten waren schweißtreibend und erforderten harten Körpereinsatz.

Mit einer Auswahl an typischen Fotos aus vielen Hunsrückdörfern vom Rhein bis zur Nahe sollen möglichst vielfältige Aspekte dieser Zeit eingefangen werden. Wer sie miterlebt hat, mag manches Vertraute entdecken, jüngere Leser werden staunen über eine fremde Zeit, die noch gar nicht so weit zurückliegt. Viel Freude dabei!

Dr. Achim R. Baumgarten

– 1 –

Typische Impressionen der Nachkriegsjahrzehnte

Die Nachkriegsjahrzehnte standen vielfach weniger im Zeichen des Aufbruchs als des Anknüpfens an die Zeit der beginnenden 1930er-Jahre. Man beschwor die Idylle der Normalität. Nach den entbehrungsreichen Jahren der Kriegszeit besann man sich auf Traditionspflege und „alte Werte". Gleichzeitig herrschte ein großer Innovationsstau, der nur zögernd abgebaut wurde.

Kurz nach dem Ende des Zweiten Weltkrieges übergaben die amerikanischen Truppen die Verwaltung an die französische Besatzung. Die französische Militärverwaltung zog im Landratsamt in Simmern ein.

LSR

◄ Auch am alten Landratsamt (dann Kulturamt) am Schlossplatz wehte die Trikolore.

Nikolausfeier in Reckershausen mit Lehrer Escher und Müttern.

◄ Trotz des Mangels kamen der Nikolaus und das Christkind in die Wohnstuben und brachten den Kindern an Weihnachten Geschenke und große Aufregungen. Hier eine Szene vom Weihnachtsabend in Kastellaun, bei der ein völlig verschleiertes Christkind auftrat. Der kleine Junge konnte gar nicht in die Kamera schauen.

In der Nachkriegszeit fanden regelmäßig Staats- und große Treibjagden im Hunsrück statt. Wie sich die Zeiten ändern – eine Jägergruppe in den 1950er-Jahren im Hotel „Waldfriede" im Soonwald bei der Begutachtung einer erschossenen Wildkatze. Damals war sie eine begehrte Jagdbeute, heute steht die Wildkatze unter Artenschutz, weil sie fast ausgerottet wurde.

Schwarzerden: das Ergebnis einer Frühpirsch durch das Asbachtal (1964) – ein fünfjähriger Keiler und ein Überläufer. Erleger war Ewald Kirschner.

Ebenfalls Schwarzerden: Der Jagdpächter Erich Höhn erlegte einen Rehbock, den Adolf Diener mit der Flasche großgezogen hatte. Im Alter von einem Jahr wurde er dort ausgesetzt, wo er geboren worden war. An der gleichen Stelle wurde er sieben Jahre später, 1955, erlegt.

Die sanitären Verhältnisse entsprachen in den 1950er- und 1960er-Jahren weitgehend denen der Vorkriegszeit. Das bedeutete auch, dass es in der Regel keine Badezimmer und stattdessen überall die berüchtigten „Plumpsklos" gab. Hier ein Beispiel aus Altweidelbach.

Ein weiteres Beispiel für das „heimliche Gemach" aus Simmern. ►

Der sonntägliche Kirchgang war noch selbstverständlich, die Kirche hatte einen hohen Stellenwert im Dorfleben. Bei der Konfirmation am 30. März 1969 in Riegenroth sieht man in der zweiten Reihe von oben ganz links Klaus-Dieter Ries und ganz rechts Elke Bauermann (beide Steinbach).

Bauernsöhne, denen der Aufstieg in die Geistlichkeit gelang, besaßen in den Dörfern ein hohes Ansehen. Hier die Prozession anlässlich der Primizfeier von Pater Adolf Börsch OMI am 14. Juli 1951 in Gondershausen.

Der katholischen Tradition entsprechend, schweigen von Gründonnerstag bis Ostern die Kirchenglocken. Stattdessen gehen Kinder freiwillig von Haus zu Haus und rufen die Gläubigen durch „Klappern“ zum Gottesdienst. Als Lohn erhalten sie Süßigkeiten, Eier und kleine Geldgeschenke. Während die Süßigkeiten und Eier früher unter den Kindern aufgeteilt wurden, wird das eingenommene Geld heute meist für gemeinnützige Zwecke gespendet. Die Aufnahme zeigt „Klapperkinder“ in Mermuth Ende der 1950er-Jahre.

Weißer Sonntag im Jahr 1960 in Urbar, der Jahrgang 1951 geht zur Kommunion. Aus diesem Anlass erfolgte stets eine Prozession von der Schule zur Kirche. Im Hintergrund sieht man das Haus Loreleystraße 6 („Andelinke“) und links Pastor Ulbrich.

◂ Typische Mutter-Kind-Szene in Altweidelbach zu Beginn der 1960er-Jahre: Irma Berg mit ihrem Sohn Ulrich. Im Hintergrund erkennt man die Dorfkirche und die alte Turnhalle im Jahr 1961.

Familie Gilsdorf aus Rheinböllen 1959/60 mit Besuch aus den USA. Große Hoffnungen richteten sich in der Nachkriegszeit auf die vermeintlich reiche Verwandtschaft in Amerika.

◂ Dieses 1960 in Königsau entstandene Bild zeigt Willi Ziemba mit seinem Sohn Heinz-Werner.

◄ Bei der Hofsanierung herrschte durch die lange Kriegszeit ein Investitionsstau. Das Haus Maddesse am Hungenrother Weg in Dörth – hier 1965 – ist ein typisches Hunsrücker Fachwerkbauernhaus mit gemauertem, relativ flachem Schieferkeller. Die Hofflächen waren nur provisorisch befestigt. Das in dieser Zeit beginnende „Höfesterben“ führte dazu, dass man immer weniger Vieh auf den Höfen sah.

Der Wettbewerb „Unser Dorf soll schöner werden“ bot einen Anreiz, die Dörfer optisch aufzuwerten. Dabei gab es keinen Mangel an Hilfswilligen. Die freiwilligen Helfer in Brauweiler 1960 waren Klaus Adamy, Rolf Rockenbach, Julius Ries, Erich Schneberger, Hugo Schacht, Friedhelm Schönborn, Kurt Kiltz, Karl Schneberger, Walter Kiltz und Karl Barth.

◄ Ein schön mit Schiefer beschlagenes Hunsrücker Bauernhaus – das Haus Baste 1950 in Krastel. An der Tür steht Inge Laux (Herrmann).

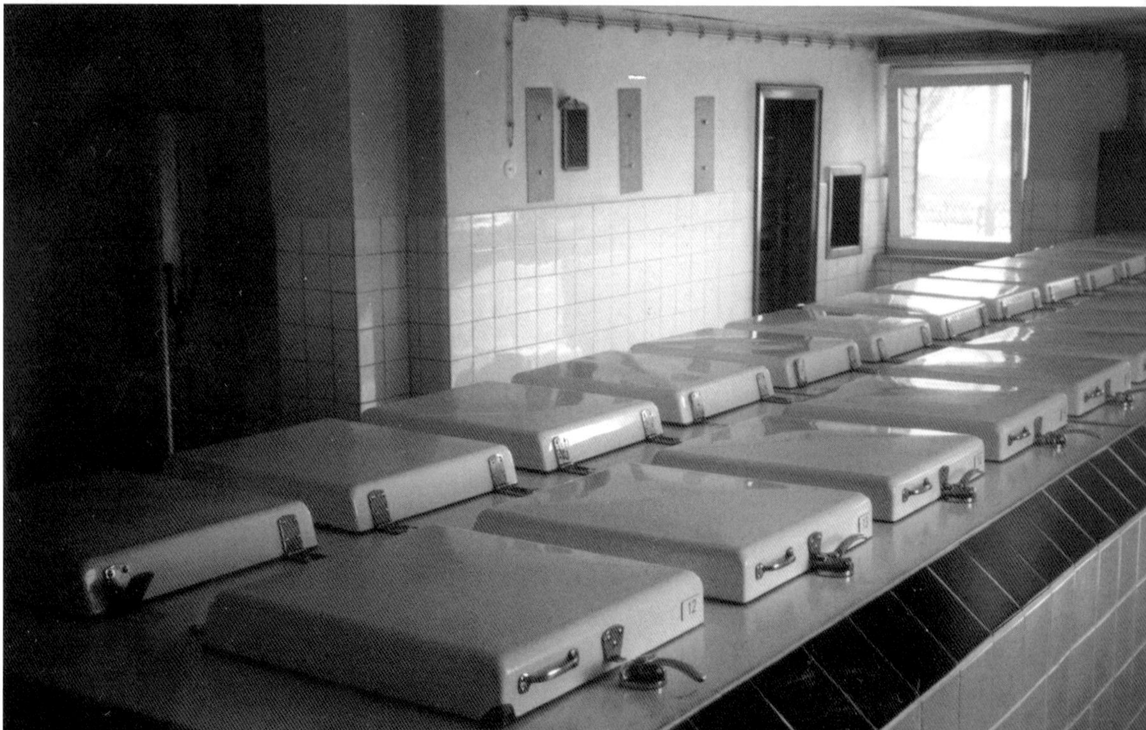

◄ In allen Hunsrückdörfern wurden in den 1950er- und 1960er-Jahren Gemeinschaftsgefrieranlagen für die Bürger eröffnet. Mit dem Aufkommen der Heimgefriertruhen und -schränke nahm das Interesse daran immer mehr ab, sodass sie in den 1970er-Jahren wieder geschlossen werden mussten. Hier die Einweihung der Gefrieranlage in Laudert Mitte der 1950er-Jahre durch Ortsbürgermeister Adam Schön. Von links sieht man Servatius Philipps, Anton Günster, Bürgermeister Adam Schön, Alfons Philipps, Adam Wendling, Alwin Nick, Jakob Auler, Brigitte Philipps, Helmut Auler und Hugo Eisenhauer.

Die Versorgung mit Brennholz spielte in der Nachkriegszeit eine wichtige Rolle. Das Foto zeigt Luise Stürmer aus Bruschied mit ihren Enkelkindern Ursula und Hans-Peter auf einem Wagen voller Brennholz im Jahr 1952.

◄ Blick in den Gefriertruhenraum der Gemeinde Steinbach.

◂ In den 1950er-Jahren waren in den Hunsrückdörfern die Dorfbackhäuser noch in Betrieb. Hier der später abgerissene Altweidelbacher „Backes“ sowie von links Hilde Augustin mit ihrem Sohn Hartmut und Paula Dudek.

Entspanntes Picknick 1967: die Familien Ziemba und Seifert aus Königsau.

◂ Bienen brachten in dieser Zeit ein Zubrot zur Haushaltskasse. Das Bild zeigt Heinrich Fey, genannt „Bienehein“, aus Schneppenbach in den 1950er-Jahren.

Eine Goldene Hochzeit war in dieser Zeit schon etwas ganz Besonderes. Wie viel mehr bewunderte man gar Hochzeitspaare, die eine Diamanthochzeit feiern konnten. Hier die Diamanthochzeit von Anna und Anton Günster mit ihren Kindern am 28. April 1966 in Laudert. Von links: Heini, Alois, Otto, Renata, Annchen, Remigia, Lorenz, Josef und Anton.

Die Goldene Hochzeit von Eduard und Wilhelmine Wagner im Jahr 1956 war die erste, die in Heinzenberg gefeiert wurde. Auch zu sehen sind die Kinder Hedwig Römer geb. Wagner (Mitte), Johann Wagner (links) und Hermann Wagner (rechts).

Im Vergleich zu heute spielten sich die Hochzeiten selbst oft in bescheidenem Rahmen ab. Hier erkennt man die Trauzeugen Elli Paul (Hahn), Edi Martin, Renate Henrich (Diel) und Fritz Diel bei der Hochzeit von Ella und Erwin Paul aus Schwarzerden am 9. Juni 1951.

Viele alte Gebäude verschwanden Ende der 1960er-Jahre. Das Foto zeigt das wunderschöne alte Gemeindehaus in Hasselbach mit Backhaus, Schule und Jugendraum um 1970. Das Gemeindehaus war 1811 errichtet worden. 1977 wurde es abgebrochen und 1978/79 originalgetreu, aber ohne Anbau links, im Freilichtmuseum Bad Sobernheim wiederaufgebaut.

Das wiederaufgebaute Gemeindehaus im Freilichtmuseum in Bad Sobernheim.

Anna Schütz und Luise Diel aus Königsau vor dem Haus Diel im Jahr 1953. Für ein Schwätzchen war in den 1950er-Jahren immer Zeit.

Anfang der 1970er-Jahre begannen die Gemeinden, Bürger- und Seniorentage zu veranstalten. Hier ein Foto vom 1. Seniorentag 1970 in Laudert. Von links sind Lydia Wendling, Heinrich und Gertrud Stoffel, Rudi Schön, Alfons Philipps (verdeckt), Margarete Jahn, Wilhelm Eisenhauer, Charlotte und Horst Uhlig, Heinrich Stollwerk, Kätchen Schmitt, Hedwig Philipps, Therese und Peter Lauderbach zu sehen.

Ein Besuch der Tanzschule mit Abschlussball war für junge Leute in 1950er- und 1960er-Jahren ein Muss. Hier ein Abschlussball in Kastellaun.

In Kirchberg war man froh, nach den Jahren des Krieges wieder feiern zu können, wenn auch die 700-Jahr-Feier im Juli 1949 nach späteren Erkenntnissen zehn Jahre zu früh begangen wurde.

Diese Aufnahmen zeigen das damalige Festgelände zwischen Bahnhof und Kappeler Straße. Zwischen dem Bahnhofsgebäude und der Molkerei (mit Schornstein) ist das Gebäude der Bahnhofswirtschaft zu erkennen. Später wurden mehrere Gewerbebetriebe im Bereich des Festgeländes angesiedelt: Thomas, Christ und Ochs.

Begleitfahrzeuge des Radrennens an der Einfahrt zur Innenstadt, in der Straße Vor dem Tor. ►

Von 1966 bis 2007 wurde die „Internationale Rheinland-Pfalz-Rundfahrt“ als fünftägiges Rad-Etappenrennen durch das ganze Bundesland veranstaltet. Simmern war sehr stolz darauf, bis zu Beginn der 1980er-Jahre mehrfach das Etappenziel und der Startort zu sein. Hier die Zieleinfahrt in Simmern 1969.

Eine fröhliche Gruppe am Kirmesmontag 1956 aus Laubach. ►

26
MG TC 17

Einen radikalen Wandel des Landschaftsbildes brachte der Bau des Dillendorfer Ortsteils Liederbach mit sich. Er sollte den auf dem Flugplatz Hahn stationierten amerikanischen Soldaten und ihren Familien Wohnraum bieten. Hierfür musste auch das Kirchberger Freibad weichen. Die Grundsteinlegung fand am 9. Juli 1960 statt. Die Luftaufnahme zeigt den Ort Mitte der 1960er-Jahre, der nach einem Geländetausch zwischen Kirchberg und Dillendorf ganz zur Gemarkung Dillendorf gehörte.

Zu den herausragenden Persönlichkeiten des Hunsrücks gehörte der im Morshausen geborene Schriftsteller und Dichter Jakob Kneip (1881–1958). Die Aufnahme entstand anlässlich der Verleihung der Ehrenbürgerschaft von Morshausen an ihn an seinem 70. Geburtstag im April 1951.

◂ In der zweiten Hälfte der 1960er-Jahre entwickelte sich eine ausgeprägte Jugendkultur mit auffälliger Kleidung, langen Haaren, Popmusik und kritischer Einstellung zur Elterngeneration. Hier Urbarer Jugendliche beim Oberweseler Weinmarkt im Jahr 1969.

Das Leben der Kinder spielte sich vorwiegend im Freien ab, eine Gruppe zum Spielen und Herumtollen fand sich immer. Hier sieht man von links Harald Wendling, Gerd Lauf sowie Horst und Renate Ries aus Steinbach.

◂ Eine Gruppe von Teilnehmern am Tag des Baumes 1958 in Gemünden. Seit 1952 wird in der Bundesrepublik der Tag des Baumes gefeiert. In den 1950er- und 1960er-Jahren spielte dieser Tag eine bedeutendere Rolle als heute. Schulen und gesellschaftliche Gruppen nahmen daran teil.

Der Wald war in den 1950er-Jahren zum Teil noch in einem schlechten Zustand. Die Revierförster Alfred Kley und Willi Hölz bei einer Waldbegehung im Oktober 1955 in Hennweiler.

◂ Weihe des Schulpflanzgartens im Bürgerstück in Gemünden durch Oberregierungsrat Kochskämper aus Koblenz (Schutzgemeinschaft Deutscher Wald) am Tag des Baumes 1958. Links Forstamtmann i.R. Schrage.

Viele historische Gebäude aus der Vorkriegszeit verschwanden in den 1960er-Jahren. Das Wiegehäuschen an der Ecke Schulstraße/Brühlstraße in Simmern steht zwar noch, doch die 1906/07 erbaute Turnhalle musste dem neuen Amtsgericht weichen und wurde 1962 abgerissen.

In manchen Gemeinden standen sogar noch die alten Hirtenhäuser, die lange schon nicht mehr als solche genutzt worden waren. Das Haus Kohl in Ebschied wurde in den 1950er-Jahren abgerissen.

– 2 –

Motorisierung und Mobilität

Die 1950er- und 1960er-Jahre standen im Zeichen der allgemeinen Motorisierung. Nach einer kurzen Motorradphase war das eigene Auto das Ziel jeder Familie. Das Massenauto dieser Jahrzehnte war der VW-Käfer, der 21,5 Millionen Mal verkauft wurde. Es gab ihn in verschiedenen Ausführungen („Brezelkäfer“ = Standardlimousine Typ 11, VW 1200, VW 1300, VW 1302, VW 1303 usw.). Seit 1956 hatte der Käfer an der linken Seite einen Außenspiegel, 1960 wurden die Winker durch Blinker ersetzt. Bei den Jugendlichen setzte Ende der 1960er-Jahre die Mopedwelle ein, die sich in die 1970er-Jahre fortsetzte.

In der Landwirtschaft zogen die Traktoren ein. Dampflokomotiven wurden durch Dieselloks abgelöst. Das Zeitalter der privaten Mobilität begann.

Der Traum aller Familien in den 1950er- und 1960er-Jahren war der eigene Käfer. Hier sieht man Beate Schmidt aus Laudert vor dem VW-Käfer ihrer Eltern.

◄ Die Kirchberger Straße beim Kiosk über die Brücke am Simmerbach in Simmern. Die Schüler des Gymnasiums (links) liefen jeden Morgen vom Bahnhof durch die Stadt, dann durch die Kirchberger Straße und über die Treppe im Hintergrund zum Schulgebäude auf dem Fillkasten.

Szene am Urbarer Backes-Vorplatz zwischen abgestellten VW-Käfern um 1967. Links im Anschnitt sieht man den Urbarer Brunnen von 1822, rechts eine der beiden Dorfkastanien. Möglicherweise warten die Damen darauf, dass sie ihre Brote im Backhaus abholen können. Von links erkennt man Maria Muders II, (verdeckt) Franziska Muders, Maria Muders I, Greta Müller und vorne (Rückenpartie, an VW lehnend) Fine Hitzel.

◄ Der Käfer war der Privat-Pkw der Zeit. Diese Aufnahme zeigt die Kreuzung Rheingoldstraße/Loreleystraße in Urbar im Jahr 1967. Im Hintergrund ist das damalige Gasthaus „Winzerhaus Urbar" (heute „Beckmanns Winzerhaus") mit Terrasse erkennbar.

DB
93 931

◂ Dampflokomotiven waren in der unmittelbaren Nachkriegszeit noch ein gewohnter Anblick. Hier verlässt eine Lokomotive unter Dampf den Simmerner Bahnhof. Im Hintergrund verläuft die Rottmannstraße.

Güterzug mit Holzfracht im Bahnhof Simmern.

◂ Nicht nur im Personenverkehr, sondern auch im Gütertransport spielte die Eisenbahn in den 1950er- und 1960er-Jahren im Hunsrück eine bedeutende Rolle. Hier eine Lok an der Kreuzung beim Sägewerk Emmelshausen.

◄ Einstieg von Passagieren am Bahnhof Mengerschied. Die alten Dampfloks wurden in der Nachkriegszeit vom Schienenbus, auch „Ferkeltaxi“ genannt, abgelöst.

Touring-Bus vor der Bahnhofsgaststätte in Simmern um 1965. Der Busverkehr verdrängte bereits in den 1960er-Jahren mehr und mehr den Zugverkehr.

◄ Die Streckenstilllegungen warfen bereits ihre Schatten voraus: 1964 trat der Schienenbus Simmern–Gemünden seine letzte Fahrt an. Links mit Brille sieht man Herrn Retzmann, dahinter Fräulein Trein, rechts Herrn Faller und Herrn Schorsch.

FEINKOST
FISCH
Bloser
SIM-S 877
Simmern / Hunsrück

◄ Emmi Schneberger und Karl-Heinz Müller aus Brauweiler im Jahr 1957 vor einem Auto mit Dachgepäckträger, der für längere Urlaubsfahrten unerlässlich war.

In den 1960er-Jahren begann, vor allem bei Jugendlichen ab 16 Jahren, die Mopedwelle. Hier posiert Arno Adams vor Hosters Haus in Uhler.

◄ Blick in die Marktstraße (heute Fußgängerzone). Für die Kreisstadt Simmern ließen sich die Verkehrsprobleme erst später durch eine Umgehung lösen. Vorerst standen sich wachsender Autoverkehr und mangelnde Verkehrs- und Parkflächen gegenüber.

Neue 18er- und 24er-Deutz-Traktoren vor dem Wohnhaus der Familie Scherer („Christe“) in Hasselbach. Der Junge ist Ernst Werner Scherer, der spätere Firmenchef. Die Motorisierung betraf den Privatverkehr, vor allem aber die Landwirtschaft. 1956 wurde die Firma Scherer zum Deutz-Händler für Traktoren ernannt.

Auch für Kinder waren die neuen Maschinen faszinierend. Manfred und Horst Werner Hennchen aus Krastel sieht man hier 1954 auf einem 14-PS-Bautz.

Alois Wehrmann aus Bruschied zu Beginn der 1950er-Jahre mit seinem Traktor und einem Anhänger voller Milchkannen.

Mit der Motorisierung stieg auch die Gefahr ernsthafter Unfälle. Hier ein Traktorunfall in Laubach.

Reparaturarbeiten mussten aus Kostengründen anfangs selbst durchgeführt werden. Alois Fey sen. und Alois Fey jun. aus Schneppenbach reparierten hier ihren Traktor im Jahr 1958.

B. Machtans

◂ Stets ein beliebtes Motiv: Kind vor dem neuem Auto. Hier vor dem Forsthaus in Altweidelbach.

Der Marktplatz in Kirchberg, 1964. Mitte der 1960er-Jahre wurden auch in den Landstädten die Parkflächen knapp.

◂ Auch mit dem Motorrad war man mobil und konnte seinen Dienst in den Dörfern versehen: Pfarrer Stein in Schneppenbach im Jahr 1949.

Der zunehmende Autoverkehr verlangte nach besseren Straßen. 1955 wurde das alte Pflaster in der Kirchberger Innenstadt durch eine Teerdecke ersetzt.

– 3 –

Vereine und Vergnügen

Nachdem in der Kriegszeit alle Vereinsaktivitäten hatten ruhen müssen und die französische Besatzungsverwaltung zunächst keine Vereine zugelassen hatte, war der Nachholbedarf an Geselligkeit jeder Art groß. Man feierte die Feste, wie sie fielen, wobei man berücksichtigen muss, dass Dorffeste damals wahre Feiertage waren. Jedes Dorf war stolz, eine eigene Fußballmannschaft aufstellen zu können, der Lokalpatriotismus blühte. Nicht nur Sportvereine, sondern auch andere Vereine waren froh, neu beginnen zu können.

Die 1. Fußballmannschaft SSV Urbar etwa 1963/64 nach dem Gewinn des Kreismeistertitels (siehe Lorbeerkranz). Von links: August Muders (1. Vorsitzender), Heinz Muders, Berthold Plenz, Manfred Clemens, Gerhard Muders, Ottmar Scheer, Norbert Muders, Dieter und Manfred Dietrich. Vorne von links: Walter Plenz, Helmut Oppermann und Karl-Heinz Hubrath.

Festzug durch Hasselbach nach der Kreispokalmeisterschaft 1956 – der SV Hasselbach-Spesenroth hatte das Endspiel in Kastellaun am 1. Juli 1956 gegen den SV Bell mit 4:2 gewonnen. Links sieht man Fritz Michel, mit dem Pokal Martin Emmel und mit der Siegerurkunde Hans Otto Gumm aus Spesenroth.

War das Dorf auch noch so klein, es besaß in den 1950er-Jahren selbstverständlich eine eigene Fußballmannschaft, die mehr oder weniger erfolgreich war. Hier die Mannschaft aus Mutterschied.

Die erste Mannschaft des FC Bärenbach im Jahr 1953. Von links: Heini Setz, Berthold Barth, Heinz Barth, Ernst Spielmann, Günter Ulrich, Georg Korn, Horst Backes, Theo Grub, dahinter Adolf Klein. Kniend von links: Heinz Weisser, Alfred Zuck und Hans Werner Wenderoth.

Die Argenthaler Fußballmannschaft kurz nach der Wiederzulassung des Sportbetriebs 1946.

Spannende Szene aus dem Fußballspiel Argenthal gegen Gonsenheim in Argenthal 1946. Gonsenheim spielte damals in der Zonenliga, der höchsten Spielklasse. Im Hintergrund das Vereinsheim.

Beim Turnfest in Biebernheim im Jahr 1953. Das Turnen stand nach dem Krieg bei den Sportvereinen noch hoch im Kurs.

Emil Konrad beim Weitsprung, 1964. Das Sportfest in Altweidelbach fand in bescheidenem Rahmen und größtenteils auch ohne besondere Sportkleidung statt.

Die erste Fußballmannschaft der Spielvereinigung Teufelsfels mit dem Vorsitzenden Willi Becker (hinten links) im Jahr 1953. Hinten von links: Arthur Fey, Werner Fey, Alfons Stein, Adolf Spengler, Herbert Fey und Hans Stürmer. Vorne von links: Alfred Fey, Heinrich Böres sowie Heinz und Willi Stein.

Die Musikanten Karl Barth und Günter Müller in Brauweiler, 1948. Musik gehörte zum Fest, es gab zahlreiche Kapellen und Musikgruppen.

Max

◂ Straßenfest in Mermuth in den 1950er-Jahren.

Typische Fastnachtssitzung im Gasthaus „Mohr“ in Warmsroth 1967.

◂ Diese Aufnahme entstand während einer Kappensitzung um 1965 im Saal des Gasthauses „Loreley“ in der Rheingoldstraße 29 in Urbar und zeigt einen Ausschnitt des Elferrats. Rechts der langjährige Sitzungspräsident „Kuni“ Plenz, links davon Edmund Link und im Anschnitt Hans Plenz. Damals war der Sportverein Urbar (SSV Urbar) in der Organisation der Fastnacht federführend. Erst seit 1985 gibt es den Karnevalsverein Kadaldara Urbar.

Pension
Fremdenzimmer

◄ Das höchste Fest des Jahres war zweifellos die Kirmes. Hier der Kirmesjahrgang 1938 der Urbarer Kirmes 1958 vor der Eingangstür zur Gaststätte „Loreley“ (Pater) in der Rheingoldstraße 29.

Ausflug des MGV Waldlaubersheim im Jahr 1958. Der Jahresausflug ist eine Traditionsveranstaltung, die bis heute – in unterschiedlicher Form – weitergeführt wird.

◄ Im Kirmeszelt im Hof des Gasthauses „Kasper“ in Steinbach saßen um 1960 (von links) Christa Johann verh. Ruffini, Ingrid Külzer, Ernst Külzer, Otto Wolf, Frieda Wolf, Christa Külzer und Friedel Andel am Tisch.

◂ Schon leicht angeschlagene Feiergruppe zur Pfingstkirmes 1950 vor „Begasch“ (Wirtschaft) in Laudert. Vorne von links: Hildegard Grings, Scheika (Gastarbeiter im Gasthaus „Philipps“), Rudi Eisenhauer, Peter Müller, Cilli Klein, Hermann Günster, Peter Weber und Walter Renzler. Hinten von links: Albert Weber, Willi Renzler, Hermann Acht, NN.

Anlässlich des 90. Gründungsjubiläums des Männergesangvereins Bärenbach im Jahr 1962 stellten sich die Ehrendamen am Rotenberg zum Festzug auf: Cornelia Dickgießer, Karin Flohr, Hannelore Noll, Hannelore Grub, Heike Barth, Mona Helder, Gisela Zuck, Anita Steinmetz, Melitta Sordon, Rosemarie Minnich und Marianne Ulrich.

◂ Kirmesgesellschaft beim Umzug 1953 vor dem Haus Kuhn in der Kisselbacher Straße in Laudert. Teilnehmer des Umzugs (soweit bekannt und nicht in Reihenfolge) waren Elisabeth Acht, Katharina Jahn, Anna Stollwerk, Rudi Renzler, Melitta Görgen, Helmut Auler, Rudi Grings, Hannchen Acht, Erika Lobüscher, Werner Bernd, Willi Renzler, Hildegard Grings, Willi Philipps, Elfriede Berres, Alois Lauderbach, Rudi Eisenhauer, Hermann Müller, Werner Stoffel, Engelbert Grings, Musiker, Hans Otto, Lotte Beres und Adolf Breuer.

Ausgelassener Umzug bei der Weitersborner Kirmes 1961.

Festumzug anlässlich des 25. Jubiläums der Freiwilligen Feuerwehr Warmsroth im Jahr 1963, aufgenommen in der alten Dorfmitte.

Die Kirmes ist gleichermaßen für Klein und Groß da. Hier sieht man Rosel Schmelzauer, Diethelm Albrecht, Kurt Steines, Maria und Julius Peitz, Julius Reichard, Lydia Albrecht, Erna Reichard, Edeltraud und Frieda Steines, Ingeborg Albrecht und Friedegard Becker bei einem Kirmesbesuch in Schwarzerden im Jahr 1959.

◂ An Silvester ging es hoch her. Silvesterfeier 1954 im Gasthaus „Zur Linde“ in Biebernheim.

Umzug des Kolpingvereins in Bruschied 1959, unter anderem mit Alois Zang, Anton Reichard, Gertrud Fabian, Hermann Heich, Hans-Werner Marx und Ludwig Stein.

◂ Silvesterfeier 1960 im Gasthaus „Zur schönen Aussicht“ in Biebernheim.

Zahlreiche Schaulustige beobachteten 1951 eine Übung am historischen Spritzenhaus in Dörth. Die Freiwilligen Feuerwehren erfreuten sich in allen Orten großer Anerkennung. Heute haben die Dorffeuerwehren große Probleme, Nachwuchs zu finden. Etliche Freiwillige Feuerwehren wurden bereits aufgelöst. 1972 wurde das Spritzenhaus in Dörth abgerissen.

– 4 –
Schulleben

In den 1950er- und 1960er-Jahren prägten Zwergschulen die Dörfer im Hunsrück. Lehrer, Pfarrer und Bürgermeister waren Autoritäten, die darauf achteten, dass sich die Dorfjugend auch außerhalb der Schulzeit benahm. Die gemeinsame Schulzeit, oft vom 1. bis 8. Schuljahr zusammen in einem Klassenraum, gab den Generationen Zusammenhalt. Auch kulturell drehte sich viel um die Schule. Mit dem Aufkommen der Mittelpunktschulen ging dieses jahrhundertealte dörfliche Identifikationszentrum für immer verloren.

Ein schönes Hintergrundbild, das Schule und Landwirtschaft verbindet: Anita Bauermann (*1949) und Friedhelm Ries (*1949) an ihrem ersten Schultag vor einem Eicher-Traktor im Hof von „Hetzel-Jaabs“ in Steinbach.

◄ Die einklassige Volksschule Warmsroth bei der Nikolausfeier 1956. Die Klassen 1 bis 8 wurden auch hier gemeinsam in einem Klassenraum unterrichtet.

In den 1950er-Jahren dachte noch niemand an die bald bevorstehende Schulreform in Rheinland-Pfalz. Im Gegenteil – ein breites Schulneubauprogramm wurde in Gang gesetzt. Hier sieht man die Grundsteinlegung für die Volksschule Gondershausen im Oktober 1958.

◄ Das 5. bis 9. Schuljahr der Volksschule Urbar im Jahr 1970 mit dem Lehrer Josef Perscheid, später langjähriger Ortsvorsteher und ab 1999 Bürgermeister der Gemeinde Urbar.

◄ Dieses Foto wurde 1959 vom Standort der heutigen Grundschule aus aufgenommen. Es zeigt Niedergondershausen. Die Obstwiesen im Vordergrund sind heute mit Wohnhäusern bebaut.

Bei der Einweihungsfeier der neuen Schule in Laudert am 24. August 1957. Der Nachmittag gehörte den Kindern, die Gemeinde spendete jedem Kind ein paar Würstchen mit Weck und eine Flasche Sinalco. Von links: Marliese Breuer, Heidi Krick, Gisela Ternes, Ilse und Ingrid Auler sowie Eva Martin.

◄ Schlüsselübergabe von Bürgermeister Adam Schön an den Lehrer Wilhelm Krick anlässlich der Einweihung der neuen Lauderter Schule im Jahr 1957.

◄ Ausflug der Volksschule Mermuth zum zugefrorenen Rhein in St. Goar. Der Winter 1962/63 war im Hunsrück und im Rheinland extrem und langanhaltend kalt. Es gab zahlreiche Frostschäden. Letztmals war der Rhein zugefroren. Dies war natürlich ein beliebtes Ausflugsziel für Familien und Schulklassen.

Die Kinder des 1. bis 4. Schuljahres der Schule Laudert, 1969. Hintere Reihe sitzend: Karl-Heinz Kuhn, Werner Müller, Wolfgang Lauderbach, Detlef Silbernagel, Paul Schön, Manfred Schmidt, Edeltraut Philipps, Elke Auler, Birgit Weber, Marita Becker. Dritte Reihe: Hans Otto Berres, Karl-Friedrich König, Johannes Günster, Karl-Heinz Ulbrich, Manuela Klippel, Anita Auler. Zweite Reihe: Robert Schmitt, Hans-Werner Hickmann, Willibald Forster, Günter Schmitt, Birgit Neugebauer, Renate Philipps. Erste Reihe: Beate Hickmann, Andrea Acht, Bernhard Stoffel, Hans Günter Otto, Karin Kunz, Engelbert Acht.

◄ Theatervorführungen oder Krippenspiele gehörten in vielen Schulen zum Jahresende dazu. Dieses Foto zeigt die Darsteller einer Theateraufführung Ende 1956 in Waldlaubersheim.

◂ Der erste Schultag war immer ein großes Erlebnis. 1961 wurde Friedhelm Weirich aus Steinbach eingeschult.

Die Schule Königsau/Kellenbach mit dem Lehrer Schneider im Jahr 1950.

Eines der größten Schulbauprojekte der 1960er-Jahre war das Schulzentrum Kirchberg. Die Grundsteinlegung erfolgte am 7. September 1962, schon im September 1964 konnten die Volksschulen der Stadt eingeweiht werden. Es folgten der Bau des Hallen- und Freizeitbades 1967 und die Eröffnung der Realschule im August 1968. Die Luftaufnahmen zeigen das Schulzentrum Anfang der 1970er-Jahre nach der Einweihung des Realschulerweiterungsbaus im Juni 1971.

1948 wurde die Volksschule Brauweiler im Bild festgehalten.

◂ Ehre, wem Ehre gebührt: Lehrer Christoph Wald und seine Ehefrau Katharina geb. Wagner aus Schneppenbach am Tag ihrer Goldenen Hochzeit im Jahr 1946.

Schulkinder vor einer holländischen Musikkapelle beim Sängerfest mit Palmenweihe 1953 in Pfalzfeld.

Ausflug der Schulen Schmidthachenbach und Bärenbach im September 1949. Das Niederwalddenkmal war in den ersten Nachkriegsjahrzehnten stets ein beliebtes Ziel von Schulausflügen.

– 5 –
Landwirtschaft

In den 1950er- und 1960er-Jahren war die Landwirtschaft weiterhin die Haupterwerbsquelle für die überwiegende Mehrheit der Dorfbevölkerung. Der kleine bäuerliche Familienbetrieb war die Norm. Nach und nach hielten die ersten Traktoren und Mähdrescher Einzug, man sah aber auch noch Kuh-, Ochsen- und Pferdegespanne. Den Strukturwandel der kommenden Jahrzehnte konnten sich die Menschen noch nicht vorstellen.

Heuernte der Familie Helmut Schmidt mit den Kindern Klaus-Peter und Beate in Laudert. Das Mädchen rechts war zu Besuch. Die Bauernbetriebe waren früher reine Familienbetriebe, bei denen jede Hand gebraucht wurde. Vieles war weiterhin vorwiegend Handarbeit.

Kartoffelernte bei Familie Pabst in Biebernheim, 1963. Die Kartoffelernte war ausschließlich Handarbeit und extrem anstrengend, wobei die gesamte Familie eingebunden war.

Edith Fickinger im Jahr 1951 mit einem Kuhgespann in Heinzenberg. Bei steileren Strecken mussten Tiere vorgespannt werden.

Auch in den 1950er-Jahren war die Landwirtschaft noch nicht überall motorisiert, es wurde weiterhin mit Kühen und Ochsen gearbeitet. Hier sieht man den Landwirt Peter Kruger aus Roth bei Stromberg mit einem Kuhgespann.

Kurt-Walter Schwalm aus Hennweiler mit einem Kuhgespann im Jahr 1952. Kühe galten als friedlich und ungefährlich, sodass Kuhgespanne auch von Kindern geführt werden konnten.

Karl Barth aus Brauweiler, seine Mutter Else und seine Ehefrau Milli bei der Getreideernte 1962.

KH
NC 9

◂ Willi Schätzel aus Weitersborn beim Heuabladen 1962. Auf dem Traktor sitzen Lilli Schätzel und als „Beifahrerin“ Elke Butzbach.

Kartoffelernte im Feld: die Familien Michel („Heinze“), Merg („Neuehälese“) und Heiles („Schmieds“) in Krastel.

◄ Orte, in denen die Flurstücke noch nicht zusammengelegt worden waren, holten nun die Flurbereinigung nach. Dabei galt es, durch Hilfsarbeiten möglichst viele Kosten „abzuarbeiten" oder zu mindern. Hier sieht man von links Walter Becker, Otto Körper, Ernst Wendling und Julius Klein während der Flurbereinigung in Hennweiler in den 1960er-Jahren.

Bei der Ernte in Schneppenbach, 1955: Erika Urban, Hilde Günther, Edith Urban, Cillia Urban, Edith Fey sowie Hilde und Josef Urban.

◄ Frauen bei der Flurbereinigung in Hennweiler, 1962. Das Herstellen der Markierungen galt als Frauenarbeit.

LANZ

◂ Im September 1957 entstand in Steinbach dieses Foto. Durch die Tür kommt Peter Hilgert, vorne von links sieht man die Enkel Helga und Edgar mit ihrer Mutter Hertha Hilgert geb. Hetzel und der Großmutter Catharina Hilgert geb. Gewehr (rechts). Kinder auf Traktoren waren in dieser Zeit ein gewohntes Bild.

Jedes Dorf besaß einen Stierstall und ein oder zwei Gemeindestiere, die ein Stierpfleger versorgte. Hier sieht man eine Stierkörung auf dem alten Schulhof in Hennweiler im Jahr 1954. Im Hintergrund in der Mitte ist der Bürgermeister Adolf Fuchs zu erkennen.

◂ Einer der ersten Mähdrescher wurde bei der Bauernfamilie Gustav Eggert sen. in Roth bei Stromberg 1958 im Bild festgehalten.

◄ Metzger Manfred Günster (damals Kirchberg, jetzt Dickenschied) bei einer Hausschlachtung in Steinbach. Hausschlachtungen gehörten lange zum Dorfleben dazu.

Die Schweineaufzucht fand noch weitgehend natürlich statt. 1961 gab es Schweinenachwuchs in Biebernheim.

◄ Hausschlachtung in Reckershausen.

Füllung einer Milchkanne 1947 in Schwarzerden. Milch wurde durch ein Sieb in große Kannen gefüllt, an Milchbänken zusammengetragen und vom Milchfahrer per Lastwagen oder Anhänger zur nächsten Molkerei gefahren.

Die Milchbank bei „Auschtins“ (Haus Wagner) in Mörschbach. In der Mitte steht, mit einer Milchkanne in jeder Hand, Mathilde Töbel, und rechts mit dem Kopftuch sieht man Katharina Heller.

Weinlese in Biebernheim im Jahr 1952. In den Hunsrückgemeinden, die zur Mosel und zum Rhein hin liegen, wird auch Wein geerntet.

– 6 –

Sonstige Arbeitswelt

Nicht nur die Arbeit in der Landwirtschaft, sondern auch die sonstige Arbeitswelt war meist hart und fordernd. Handwerksberufe wie Schmied oder Wagner standen in enger Beziehung zur bäuerlichen Welt. Im Winter arbeitete man vielfach als Holzhauer im Wald. Daneben gab es mannigfaltigen Bergbau und die Schiefergewinnung. Auch in Sägewerken und Möbelfabriken konnte man Arbeit finden.

Hufbeschlag in der Schmiede Wilhelm Wagner in Biebernheim 1950, den Huf hielt Karl Mebus. Das Schmiedehandwerk war eng mit der Landwirtschaft verbunden. Der Bauer war auf den Schmied angewiesen.

◄ Alfons Schuster, Alois, Waldemar und Philipp Albrecht, Werner Stilz, Fritz Altmeier und Gislinde Albrecht geb. Fuchs bei Waldarbeiten in Weitersborn im Jahr 1958.

Haumeister Gustav Kneppel, Johanna Schoßler, Paula Klein, Ilse Schneiß, Gerda Zerfaß, Irene Saam, Elli Paul und Inge Schiel im Pflanzgarten Schwarzerden, 1953.

◄ Alois Albrecht aus Schwarzerden im Holzeinschlag bei Fällarbeiten im Jahr 1955 in der Revierförsterei Waldfriede.

◄ Vergessen wird oft, dass es einst auch Bergbau im Hunsrück gab. Hier eine Aufnahme aus der Grube Dr. Geyer in Waldalgesheim. Zu sehen ist der langjährige Bürgermeister der Gemeinde Roth, Friedel Mehlig (fünfte Person von links).

Die Belegschaft der Schiefergrube Mühlenberg im Jahr 1954 in Schneppenbach.

◄ Die Bergleute Peter Wagner, Johann Spengler, Josef Urban, Heinrich Fey, Karl Marx, Hermann Backes, Christoph Schmitt, Josef Merscher und Peter Engbarth aus Bruschied mit Arbeitskollegen vor der Einfahrt zur Schicht in die Dachschiefergrube Hippelau in den 1950er-Jahren.

◄ Das Endprodukt der Bergwerksarbeit: Verlegung von Hunsrückschiefer durch den Schneppenbacher Dachdecker Hans Petry (vorne) und Arbeitskollegen auf dem Dach der Niederhosenbacher Kirche im Jahr 1962.

Vorher mussten die Schieferplatten zugerichtet werden. Dies war oft eine fast künstlerische Tätigkeit, die viel Fingerspitzengefühl erforderte. Hier sieht man Herbert Götz aus Schneppenbach beim Zurichten von Schieferplatten im Jahr 1954.

◂ Daneben beschäftigten die großen Möbel- und Sägewerke viele Arbeitskräfte. Das mächtige Tenhaeff-Werk in Kirchberg – hier im Jahr 1964 zu sehen – ist ein imposantes Denkmal der Hunsrücker Industriegeschichte.

Am härtesten war in dieser Zeit wahrscheinlich die Handarbeit im Straßenbau. Hier baut die Firma Greber im Mai 1957 eine Straße von Heinzenberg nach Karlshof.

◂ Arbeiter in den 1960er-Jahren im Betonwerk Wagner in Rudolfshaus. Auch die Arbeit im Betonwerk war mühsam und schweißtreibend.

Ortsregister

Interessante historische Funde wurden in der Nachkriegszeit öfter gemacht als heute. Hier sichten Heinrich Ihrle und Karl Werner einen Münzfund, der 1961 in Simmern geborgen werden konnte.

Bücher aus Ihrer Region

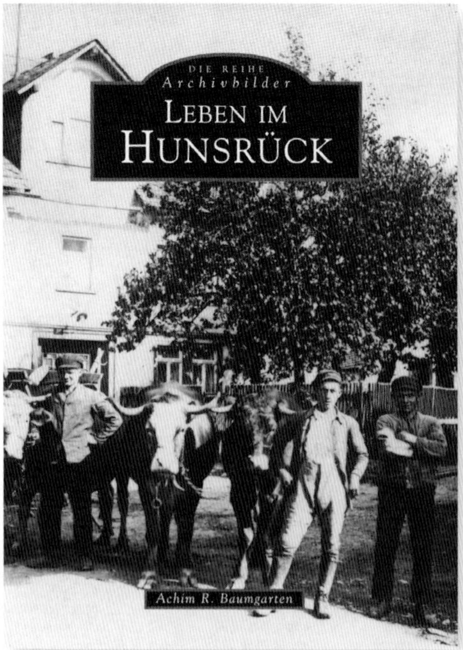

Leben im Hunsrück

Achim R. Baumgarten

978-3-89702-081-8
17,99 €

Burgen in Eifel und Hunsrück

Karl-Josef Gilles

978-3-86680-372-5
19,99 €

Klaus Eberhard Wild
Hunsrück-Hochwald
Waldland • Erzverhüttung • Nationalpark
SUTTON HEIMAT

Hermann Bohn
Weihnachten
im
Hunsrück